AF176113

Unterdessen
auf der erdabgewandten
Seite des Mondes

www.martinwessely.de

Bisher von Martin Wessely erschienen:

»bipolar«, Roman (2012)
»schwarzweise«, Gedichte (2016)
»Analogien in Bernstein«, Gedichte (2019)

Unterdessen auf der erdabgewandten Seite des Mondes

Martin Wessely

Ein Versuch spielerischer Beliebigkeit bei gleichzeitiger Rest-Relevanz, ein Ablehnen unerfreulicher Gewissheiten, ein Seufzen angesichts imperativer Instagram-Optimismen, ein Surfbrett auf Wellen aller Art, ein flackerndes Lichtlein, das Zuflucht verheißt, auf morgen verweist, auf Konventionen scheißt. Das Lächeln vereist: Was soll das denn? Wie oft habe ich mich das gefragt. Wo stehen wir, wie können wir Frieden schließen, wollen wir einander beschießen? Es wäre nicht das erste Mal ehrlich: Wer A sagt muss auch Jeff sagen. Ein Fokus auf das Ende also? Ich hoffe, nicht. Aber für das dritte Mal gibt es keine Entschuldigung.

Bibliografische Information der Deutschen Nationalbibliothek:
Die Deutsche Nationalbibliothek verzeichnet diese Publikation in
der Deutschen Nationalbibliografie; detaillierte bibliografische
Daten sind im Internet über http://dnb.dnb.de abrufbar.

Herstellung und Verlag:
BoD – Books on Demand, Norderstedt

ISBN: 978-3755701958

Für Mathilde

1. Beim Steingarten

(Provinzieller Leerstand)

Der Imperator

Seit ich ein Leuchtmittel
mit Bewegungsmelder
in meiner Vorratskammer
installiert habe, stellt sich ein
leises Gefühl der Empörung ein,
wenn das Licht sich nicht
automatisch einschaltet, sobald
ich einen Raum betrete.

Der Freimaurer

Schau in dich, lautet
das erste Gebot, doch
bleibt mein Blick
auf mich getrübt.
Schau um dich,
heißt es weiterhin,
auch das habe ich
zur Genüge geübt.
Einfalt und laute,
verblendete Horden,
darüber bin ich
fast taub geworden.
Schau über dich,
die letzte Regel, sie
will ich gerne lernen.
Ich lehne mich
erschöpft zurück
und sehe auf
zu den Sternen.

Avatar

Ich habe gerade keinen Lauf.
Doch gib du nicht stellvertretend
für mich auf. Wenn deine
Hoffnung nicht mehr hält,
wenn mich dein Kleinmut
überfällt, wie soll ich streiten
an deiner statt, was hält mich
wach und wendet das Blatt.
Das ist keine Frage.
Raff dich auf, trage
dich mit Stolz, und sei es
auf mich. Ich kämpfe
für dich.

Der Übertritt
(A fleeting glimpse of Satori)

Im vollen Bewusstsein meiner
Endlichkeit und kommender
Raumfahrt trete ich im Laufe
einer Fastenübung gemessenen
Schrittes an einen Tisch heran,
auf dem sich ein Glas mit
Mineralwasser befindet.
Ich trinke einen Schluck,
höre den Beat, überschreite
lächelnd die empfohlene
Lautstärke und genieße
mein Sein für einen
sorglosen Moment
voller Dankbarkeit.

Die Narbe

Jeder Blick in den Spiegel
zeigt fortan dein Siegel,
Auszeichnung und Mahnung,
gelobt sei alle Planung,
doch eile dich,
es scheint nur so fern,
dein Handtuch liegt
schon auf dem
Acker des Herrn.

Frugal

Ein Tisch, auf dem
eine Lampe steht,
eine Uhr, in der
die Zeit vergeht,
ein warmes Licht
in stiller Schwärze,
ein Freundbesuch
und derbe Scherze,
verrückte Stühle
in der Küche,
darauf ein paar
der alten Sprüche,
Gin duftet den
Herbst herein,
so darf das Leben
öfter sein, mal ohne
große Perspektiven,
nur Knabberzeug,
Brot und Oliven.

Recycling
(1 Fehler)

Durch eBay kann man
fremde Weichspüler riechen
und dadurch in andere
Leben hinein kriechen.
Was hat den letzten Träger
bewegt, warum hat er
dieses Teil abgelegt,
war er zu dick, es zu groß,
er zu dünn, was hatte
der Verkäufer im Sinn.
Irgendwann wird dann ein
anderer fragen, wer hat
das hier zuletzt getragen,
woher kommt dieser Fleck
auf der Hoses. Das war der
Dichter, im Suff, mit Four Roses.

Reparaturen

Die Erfolgsaussichten zur
rechtzeitigen Vertreibung
des schwarzen Hundes
werden allgemein überschätzt.
Eltern werden und glückliche
Kindheiten produzieren,
das geht. Kein Rennen
gewinnen, aber ein
Top-Mechaniker werden.
Eines künftigen Tages
werden Replikatoren individuelle
Botenstoffcocktails ad hoc
produzieren. Earl Grey, heiß.

Rösti

Die Pfanne
schwungvoll
in die Luft und
alles zu verlieren -
Soll es wie im Urlaub
schmecken, muss man
das riskieren.

School of Life

In der Krise
die Hoffnung nicht verlieren,
zwischen Suizid und
Hannibal Lecter oszillieren,
Menschen vermissen,
sie gleichzeitig hassen,
sich in eigenen Kreisen
nicht von Römern
stören lassen,
ohne das Los des
Archimedes zu teilen,
immer wieder staunend
in der Natur verweilen,
stoisch und tageweise
Pläne machen und,
wo immer möglich,
Grund finden
zum Lachen.

2. Nahfeld

(Raum für alternative Matrizen und LEGO-Projekte)

Campingplatz

Leiser die Stimmen grün umflort
stehen wir weiße Boxen im Wald,
verschnecken uns und lauschen
in fremde Sphären hinter Plastik.
Hier wird gelacht, dort wird erzogen,
hinten gequengelt, vorne gelogen,
und Grillen.
Morgens stehen Schlafsackhaare
Antennen in den Morgentau,
abnabeln, Kabel rollen,
um den Weiher tollen, Abschied
und mit sehnsuchtsvollen
Blicken den Boden absuchen.
Ein Stück von uns bleibt hier.

Das Wolltässchen

Beim Weben
fallen Reste an,
lautlos bunte Flöckchen,
sie bilden auf
dem Tisch sodann
ein farbenfrohes Päckchen.

Wohin damit,
wie sammeln wir,
was ist unser Gefäß,
das Tässchen dort,
das reiche mir,
die Größe ist gemäß.

Was wir dann nehmen,
kümmert nicht, denn
wichtig ist nur dein Gesicht,
das lächelt, weil wir Zeit
verbringen, gemeinsam,
eins mit allen Dingen.

Dein Einfluss

Ich bin die Wüste.
hart und ausgedörrt,
nichts wächst hier,
heißer Wind fegt
über mich hin.
Beziehungsskelette.
Ich bin ein unwirtlicher Ort.
Bis dein Gesicht aufleuchtet,
als du mich siehst.
Dann kommt die Regenzeit,
es plätschert und grünt.
Alles ist belebt, der Boden
weicht auf. Für eine Weile
bin ich beseelt.
Ich bin die Wüste,
du bist die Regenzeit.

Der Durchbruch – Making it

Beim Vorlesen fremde
Rollen spielen, Stimmen
imitieren, auf dem Spielplatz
erst selber klettern,
wie es aussieht, von
da oben, selbst kochen,
Pflaster applizieren,
durch den Wald spazieren,
den Namen der Bäume
nicht kennen, aber
wissen, wer es weiß.
Nicht berühmt, aber
berührt werden.

Ein Foto

Du hast mir die
Kindheit genommen,
darum bin ich selten
ins Altersheim gekommen.
Oft hätte ich
Orientierung gebraucht,
meistens habe ich dann
alleine geraucht.
Ich stehe an deinem Grab,
breche den Stab,
zur Hälfte heiter,
für mich geht's noch weiter,
doch auch betroffen.
So vieles bleibt offen
und ungesagt.
Du hast nie gefragt.

Hologramm

Du hast einem anderen etwas gesagt
derweil habe ich etwas dich nicht gefragt.
Ich muss schweigen, darf nicht zeigen
was ich fühle, meine Kühle
ist deines Glückes Unterpfand.
Doch wenn ich dir in die Augen sehe
und verstehe, schäme ich mich.
Ich lasse dich im Stich.
So fühlt es sich an, doch ist es alles
was ich kann. Der andere sei deine Bank,
ich nur rebellischer Gedanke,
verzierende Ranke am Lebensgebäude,
flüchtige Freude, des Lebens Natur.
Ein Flüstern auf dem Flur.

Königskind

Kaum schläfst du,
wird es still um den Tag.
Im Efeu noch ein Lied
vom Sommer,
raschelnde Rauferei.
Das Echo deiner Schritte
duftet nach frisch
gemähter Wiese,
fernen Feuern,
künftigen Abenteuern.

Korsika

Ablandiger Wind rüttelt
an den Jalousien,
ein Deckenventilator
gezähmtes Pendant,
wir kreisen leise Brisen
durch die Nacht,
sind unter Pinien gerannt,
die Sonne hat uns
den Rücken verbrannt,
die Welt en miniature
am Strand. Es war alles da,
zum Greifen nah. Ich sah
dein Vergnügen, ließ
dich glitzernde Wellen
durchpflügen. Mit deinem
Lachen unter den Lidern
darf ich selbst
noch einmal sein.
Und schlafe ein.

Merheim

Auf renovierungsbedürftigen
Terrassen in alten
Zusammenhängen
sitzen, Müdigkeit,
die erst das Entschlafen heilt.
Neue Anläufe, Bedenken,
alte Handarbeit verschenken,
gedankenverloren die
Blumen gießen, und machen,
dass nicht alle Kreise
sich schließen.

Mickey Rourke

The way you gently touch
your faces scar tissues,
somehow brought up
my own self-worth issues.
I get embarrassed, when
I look in the mirror,
seeing you cry just now
made it slightly clearer,
what I've become, whom
I should fear, why to be
thankful and what to hold dear.
May you be calm,
with nothing as certain,
as traveling on and
the final curtain, but for now,
imagine with me,
in a world without hurry,
a lawn, two boys playing,
with nothing to worry.

Tochter_1

Du zeigst auf etwas,
in der Bucht von Halong.
Ich folge deinem Blick,
küsse deine Stirn,
meine Lippen füllen
deine Schläfe,
mein Blick begleitet
deinen heiligen Schlaf,
das ewig Kindliche,
das du mir bleiben wirst,
wohin auch immer,
erst ich, dann es
dich trägt.

Unconditional

No matter what you do, my daughter,
my love will always be like water,
and find its way to you.
While I know little, this is true.

From your first steps to greatest leaps,
I am your witness at all times,
to document what's not for keeps
and pour my heart in humble rhymes.

Call on me, when in despair.
If I'm alive, I will be there,
and once beyond I'll be there still,
slightly more subtle, if you will.

Through harmony and strife,
there's nothing I'd be rather,
the sweetest joy in this strange life
it surely is, to be your father.

3. Rauschen der Stadt

(Raum für Statikskizzen von Brückenbauten)

Alte Berufe
(Shortslam)

ein Steuerberater spürt die Kühlung
einer CPU im Nacken
ein Bankkaufmann vor Weihnachten
hat plötzlich Zeit zum Backen
Frau Müller aus dem Service hilft
einen Bot zu trainieren
dessen nächste Version verspricht
selbstständig Leads zu generieren
in Kaffeeküchen sind noch
menschliche Zuständigkeiten gelistet
doch von den neuen Verträgen
ist keiner mehr unbefristet
der Feuerwehrmann lacht und glaubt
ihn kann man nicht ersetzen
denn wo es brennt und Chaos herrscht
nutzt doch kein Vernetzen
zugleich werden auf fernen Messen
alte Hürden abgebaut
letztlich soll in naher Zukunft
auch der Brandschutz in die Cloud

Kubus

Der Widerstand war
allgemein schwach. Ich
war lange Beobachter, dann
klingelte es unvermittelt.
Heute habe ich meine
Implantate erhalten.
Ich mochte es, gelegentlich
allein zu sein, aber daran
erinnern wir uns nicht gern.

Der verlorene Faden

Ich habe das
Nähen aufgenommen,
kleine Handarbeiten, hier,
in der Stille des Grabens,
von dem manche meinen,
es gäbe ihn nicht. Sie fallen
überrascht hinein. Neben
mir schlagen sie ein.

Oben ist großes Geschrei
auf den Gassen. Dort wird
reichlich Wissen gelassen.
Zahlreich Bescheid gewusst
und gegeben. Hier unten
lerne ich Häkeln und Weben.

Eines Tages trete auch
ich wieder hinaus. Doch
spricht mich dann einer an,
gehe ich achtlos weiter,
da ich nichts mehr hören kann.

Frage der Zeit

Die Straßen des Kreises
müssen leer sein, wie ich
einst beschriebenes Blatt.
Fossiler Spaß knallt
vermeintlichen Protest,
ein kümmerlicher Rest.
Freiheit als Sperrgut
am Straßenrand, ein
Dekorationselement,
unpassend zum
aktuellen Trend.
Mein einstiger Text wäre
heute unpassend. Leise
Leute lasen ihn gern,
Laute lesen nicht, sie
schauen fern.
Die Zukunft ist laut.
Ich habe auf die
Falschen gebaut.

Senior

Wer Erwartungen weckt,
und sich dann versteckt.
Na ja. Ich wünschte, ich
könnte auf andere zeigen.
Allgemeines Verdummen
lässt mich verstummen
heutzutage. Reich nur
an Jahren bin ich
umzingelt von Barbaren.
Was soll ich alleine mahnen,
wenn sie es nicht mal ahnen.
Was sagt man zu Leuten
ohne Ohren. Wie geht man
um mit Toren, sie herum.
Mein Kommentar ist nicht
gefragt, schon jetzt ist
zu viel gesagt.
Die Schwester kommt
und bringt das Essen.
Nur sie hat mich noch
nicht vergessen.

Silver Surfer

Der Mode der
Gesichtstätowierungen
bei US-Rappern wird eine Zeit
großen Bedauerns folgen.
Längst Gesagtes erhält
wiederholt Bedeutung.
Straßen über Land fallen ab
in den Nebel der Musketen
im Januar. Wir liegen wissend
im Moos, atmen, weil es das ist,
was wir können.

Tanz in den 1.5.21

Junge Birken schmücken,
auf Picknickdecken
näher rücken verzauberte
den Mai. Das ist vorbei.
Gespenstisch stille Nacht,
wir glauben an die Macht,
die Zusammenhänge
schafft und erklärt,
uns rätselhaft verfährt,
ins Gegenteil verkehrt,
uns droht und dreht bis wir
Fürsorge halluzinieren,
die Freunde verspeisen
und einsam krepieren.

Unterdessen

Auf der erdabgewandten
Seite des Mondes
auf der Suche nach Stille
fand er Gewohntes,
sich und freier Gedanken
Schatten, Reminiszenz
an das, was sie hatten,
Kompressionsartefakte
von lichten Momenten,
Spuren von Heimat
in Flusssedimenten.
Von hier soll ihn fortan
niemand vertreiben.
Er öffnet den Helm,
um ewig zu bleiben.

4. Über Windungen

(Abstellraum für einst gemeinsam angeschaffte Möbel)

Am Kopierer

Heute hat mich dein Finger berührt,
ich habe einen bunten Nagel gespürt.
Das war magisch.
Du so spät in meinem Leben,
soll ich dir meinen Zynismus geben?
Es ist tragisch.
Wir gehen zum Kiosk, kaufen Wein,
schlafen miteinander ein.
Jetzt ist das da zwischen uns,
wir lassen uns drauf ein.
Ich bin kein Schwein,
und darf, das fühlst du genau
gleich wie ich.
Du meinst wirklich mich.

Beim Arzt

Ganz unvermittelt wird ihm
Platz angeboten, sie steht
auf, er wirkt gebrechlich.
Erleichtert nimmt er Platz,
das ist geklärt. Sein junger
Blick rastet in eine
Illustrierte ein.

Büromädchen

Ich spreche dich an im Slang
der Boulevards, sage Originelles,
du vermutest Provinzielles,
fürchtest dich. Vor mir.
Ach, bleib doch hier!
Rufe ich noch ins Schneckenhaus,
gehe dann hinaus, nach Norden.
Einfache Fahrt, dort hinauf.
Du atmest auf, entspannt.
Bleibst unerkannt.

Candy Eyes

Du hältst dich zurück, dort hinten. Soll dich keiner finden?
Stilles rotes Lachen lässt mir die Augen übergehen.
Ich kann dich kaum ansehen. Nicht lesen, nicht lassen,
den Versuch, dich zu erfassen. Wer bist du denn,
dass ich so an dir hänge, warum stichst nur du heraus
im Gedränge, was wohnst du denn da, in meinem Gemüt,
wie weich deine Stimme den Boden wegzieht,
unter meinen Füßen. Ich wünschte sie ließen uns
einander erkennen, und müssten das nicht benennen mit
schmutzigen Begriffen wie feindlichen Schiffen.
Aber wir: Haben unsere Insel. Bei dir bin ich dort, du
bist mein verwunschener Ort, an dem ich mich
sehnend vergehe, wo ich deinen Zauber verstehe.
Morgens fließt Honig in den Tag, aus dir, meine Schöne,
sag, müssen wir die Segel setzen, nach Westen hetzen,
war es nur dies eine Mal? Immer wieder trät ich ein
in dieses Tal, das nun trockenfällt. Auf dich wartet die Welt.
Du hast mich nie in Erwägung gezogen, ich habe
dich niemals mit Freundschaft belogen, doch halte
dich heilig, dein freundliches Wesen.
Wie sollst du verstehen, wie kannst du das lesen?
Ich bin in dich verliebt gewesen.

CGN - ZRH, Herbst 2019

Niemand begleitet meine Pfade,
gekauftes Essen, Novotel.
Eben war ich noch dort,
heute hier etwas zitiert,
doch niemand ist gerührt,
Sachinnehaltefokus, gelegte Werte,
geehrte Herren, begehrte Frauen,
Avenidas! Was soll das,
es war doch nur Spaß
in trostlosen Wartezonen,
Reisen sollen sich lohnen.
Ich bliebe lieber daheim.
Träumte, eine wünscht sich fort,
und ich sei ihr Sehnsuchtsort.
Blick aufs Rollfeld.

Das Geständnis
(Schalensitz, 6-Punkt-Gurt)

Nun ist es einmal gesagt.
Ist raus aus mir, nimmt
Gestalt an, trifft auf dich,
färbt sich, trifft auf die Bande,
fliegt mir wie du um die Ohren,
trägt uns in die ersten Kurven.
Feuer und Benzin. Werden
wir uns erinnern wollen,
wenn wir wieder unten sind?
Ich reiche dir die Hand
in Freundschaft, packe
fest zu. Jetzt geht es
erst richtig los.

Die Darstellerin

Du spielst ein Lächeln, Baby.
Tonite wir beide, maybe.
Ich vermag dich nicht zu deuten,
du willst mich doch nur erbeuten.
Kommt aufs Gleiche raus,
bei euch Gauklern. Filmreif
gehst du ab, Laub verwirbelnd
auf der hohlen Gasse.
Ich bleibe gerettet zurück,
was für ein dummes Stück.
Ich fiel dir lieber in die Hände,
am Ende, doch wird nur
wieder mein Solo gegeben.
Wie es halt ist,
im wirklichen Leben.

Drei Männer

Eben strahlend, glücklich vergeben,
heute dunkel, kaum zu trösten
unter Tränen aufgelösten
Banden, kaum das Haupt zu heben
imstande stehst du am Rande,
alten Kummer in den Taschen,
entfernst du dich mit raschen
Schritten von der Schande.

Ich sehe dem zu wie ein Baum,
darunter eine Bank im hohen Gras,
auf der ein junger Mann dich las,
als lichten Frühlingstraum.
Und das wirst du bleiben.
Das zarte Gesicht umschmeichelt der Wind,
er fährt dir ins Haar, bestreicht dich lind,
anstatt meiner Hände Beschreiben.

Ein Kuss auf dein Verzagen,
der nicht die junge Frau bestehle,
meint die wunde Mädchenseele,
bestärkt ein neues Wagen.
Du bist nicht allein!
Wie wollt ich das rufen,
auf täglichen Stufen,
und kann nur Gedankenspiel sein.

Doch weißt du nun, wo ich wohne.
Dich meint der Zweige Knistern,
Dich heilt mein freundliches Flüstern
hoch in den Blättern der Krone.

Fisch und Jungfrau

Eben will ich
nach dir greifen,
dich denken, aber du
hast mich weggefühlt,
dich abgekühlt
in deinem Element,
mir ist dies Wasser fremd.
Ich räsoniere unbeholfen,
die Stimmung trägt mich fort.
Du fließt ein in einen Text,
aus dem der Wunsch
zu tauchen wächst.

Hand & Schulter

In der Nacht
spürte ich deine Hand.
Daran habe ich
dich erkannt.
Denn im Schlaf
hast du keinen Plan,
der Mond zieht seine Bahn,
ein Käuzchen schreit,
unser Weg ist noch weit,
doch nun leuchtet bei mir
diese Stelle, ich schreibe
dich auf die Schnelle.

Kleine Hunde

Du verteidigst dich
habe ich gar nicht angegriffen.
Du weißt was ich meine
Festung ist schon geschliffen.
Laserlike sezierst du das
habe ich schnell begriffen.
Sekunde vorbei
und es mit uns zwei.
Dabei wollte ich, glaube ich
wirklich nur nett sein.

REM

Du hast mich oder habe
ich dich in mich hinein
versetzt? Beziehungen.
Du bist wortlos fort,
als ob in der Stille
meine Antwort läge.
Nur unser Bild hängt
noch im Raum, wie ich
im Bad, wird blasser,
die Hand sinkt matt,
fährt wie im Traum
durchs dunkelrote Wasser.

Roter Drache

Der Mensch begehrt das
was er sieht aus, als ob
du mich meidest. Ich
gehe mit den Worten
unter Bildern hast du
mich begraben. Ich habe
mit meinen Plänen gespielt
hast letztlich du. Ich hielt
mich für weise du nur
auf mein Scheitern hin.
Man findet mich am
Fuße der Klippen, deinen
Namen noch auf
versteinerten Lippen.

Souvenirs & Konventionen

Am Rand der Autobahn,
in diesem leeren Haus
hängt noch das Bild
deiner erhitzten Stirn
auf Fluren zwischen Drucken,
die achtlos passiert werden.
Dein wohliges Geräusch
nahm ich damals mit.
Wie hast du mich berührt,
wie habe ich dich entführt,
wir waren Komplizen.
Heute müssen wir uns
wieder siezen.

Stilles Mädchen

Ich spüre deine
mich lesenden Blicke.
Dein Vater hat getrunken,
deine Mutter war bipolar,
oder waren es die Nachbarn?
Du musstest ahnen,
um zu atmen,
Erwartungen antizipieren,
verhalten vegetieren.
Jetzt bist du am Zug.
Ich hoffe, ich bin
dir genug.

Tannhauser Gate

Wenn du wüsstest, wo ich herkomme,
könntest du einschätzen,
wie unwahrscheinlich es ist, dass ich hier bin.
Ich kenne deinen Maschinenraum nicht,
wir zeigen einander nur das Gesicht.
Man kann alles erzählen, nur nicht
sein Leben, darum kann ich dir vieles
leichter vergeben, wenn mir klar wird,
wie wenig ich über dich weiß.
Wir sagen einander, dort bin ich gewesen,
doch wie haben wir all die Orte gelesen,
was haben Momente aus uns gemacht,
wann haben wir herzlich zusammen gelacht?
Was wird ab morgen aus mir?
Nicht wichtig, jetzt sind wir hier.

Aquarium in Agfacolor

Deine Nähe suchen,
einen Vorwand finden.
Dich verstohlen bestehlen
um Bilder, zu kühlen
die brennende Seele.
Momentereihen,
leises Hoffen,
sich endlich entraffen.
Ausgreifen in die Weite,
mit dir an meiner Seite,
bleibt ein Traum.
Wir waren nie
im selben Raum.

5. Romantik & Ziele

(Raum für Bittschreiben an heimatlose Weltraum-Milliardäre)

Ausfallstraße

Wir landen, wo
niemand startet,
traditionsgemäß nicht
viel erwartet.
Illusionslose Gesichter
durchschauen mich und
was hinter mir liegt.
Dosiertes Streben.
Selbst das wird
nicht vergeben.
Wer einmal fliegt,
gesehen hat, bleibt
von Stund an fremd
und ungekämmt,
an Sonntagen
im Backshop
der Tankstelle.

Die Überraschung

Im kleinen Teich
führst du das große Wort,
jedoch nur dort.
Es schmeichelt meinem Ohr,
es klingt mir wohl,
doch ist es hohl.
Auf See will ich
dich darauf verpflichten.
Und muss verzichten.
Nun kenne ich dich
nicht mehr wieder,
den seltsamen Klang
deiner Lieder.
Ich habe darüber
geschlafen, schweige
und gehe zum Hafen.

Dieringhausen

Unter Brücken wohnen,
täglich überfahren werden,
und was das macht.
Mit Fernweh von den Hügeln schauen,
tallastige Tage zubringen
zwischen zwei Baumärkten.
Neues erschaffen.
Vereinzelt Angebote
zwischen Leerständen.
Muss alles raus?
Alle müssen raus.
Provinznotizen sagen
Städtern nichts.

Stoppuhr

Verbitterung ist hinterhältig,
ein schleichender Prozess.
Erst schmerzlos wird der Wirt
befallen, dunkles Wetter
legt das Gesicht in Falten. Ganz
langsam zeichnen Sie den Alten
mit dünnen Lippenstrichen,
Papier, vergilbt, verblichen.
Wenn es ihn anficht, sie
ausbricht, ist es zu spät.
Nichts blüht mehr.
Gebeugt von heftigem
Sehnen und Reuen
lernt er noch, sich am
Schnee zu erfreuen.

Tokyo Drift

Am Abend vor der Reise
bin ich aufgeregt,
gut aufgelegt, tief,
doch fürchte ich
Konsequenzen, kenne
meine Grenzen, glaube
an lässiges Schlenzen,
an seitliches Driften,
durch ungewisse
Konditionen, mancher
Irrweg wird sich lohnen,
mit weichen Knien
auf den Ausgang zu,
wie wir alle, vielleicht
eines Tages auch du.

Inhalt

Kritische Stimmen*

»Throw your hands up in the air, and wav'em like you just don't care!«

»Hat was Selbstgerechtes. Ich nehme an, der hält auch Kaninchen.«

»Müsste man canceln. Shitstorm, Digga. Geht ja Papier bei drauf!«

»Man soll keine Bücher verbrennen. Aber das? C'mon, man!«

»LOL ich habe glaube ich ein Rechtschreibfehler gefunden.«

»Hört das denn nie auf. Irgendwann muss auch gut sein.«

»Skandalös, diese Kommasetzung. Das ist NICHTS. 6!«

»Am Anfang war das Wort. Aber doch bitte nicht so.«

»Sone Depri-Scheiße muss ich mir echt nicht geben.«

»Nix übers Klima??? Was soll das?? Prioritäten!!!!«

»Das ist nett. Künstlerisch unbedeutend. Aber nett.«

»Kann ich jetzt hier nicht swypen oder was? Ey!«

»So ein Schwurbler, Aluhut, bestes Beispiel.«

»Pullis, Tassen, OK. Aber Bücher?«

»Entwicklung? Fehlanzeige.«

»Jesus liebt dich.«

---

*wiederum frei antizipiert nach dem Studium von Instagram, Twitter, YouTube etc.

www.martinwessely.de